JN440198

초록빛 연가

초록빛 연가

초판 발행 | 2016년 10월 28일

저 자 | 최수진
펴 낸 이 | 차영미
편 집 | 디자인그룹 여우비
펴 낸 곳 | 서정문학
주 소 | 서울시 강동구 천중로30길 5-11, 203호
전 화 | 02)720-3266 FAX | 02)720-3266
홈페이지 | http://cafe.daum.net/seojungmunhak.com
이 메 일 | sjmh11@hanmail.net
등 록 | 2008. 3. 10 제324-2014-000060호

ISBN 978-89-94807-51-5 03810
정가 9,000원

국립중앙도서관 출판예정도서목록(CIP)

초록빛 연가 : 최수진 시인 두 번째 시집 / 저자: 최수진. --
서울 : 서정문학, 2016
p. ; cm. — (서정문학대표시선 ; 34)

ISBN 978-89-94807-51-5 03810 : 9000

한국 현대시[韓國現代詩]

811.7-KDC6
895.715-DDC23 CIP2016024881

서정문학대표시선 · 35

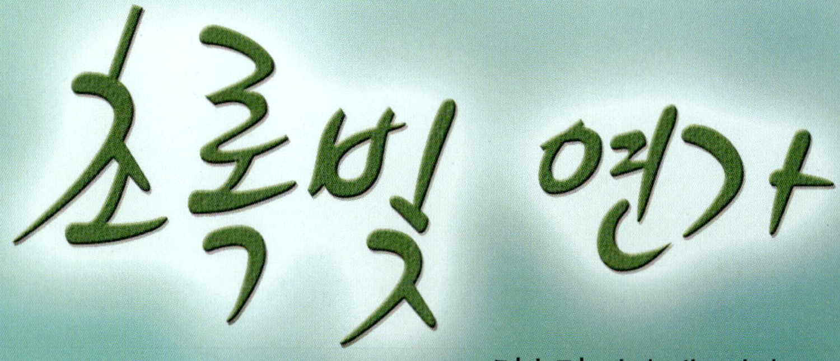

최수진 시인 제2 시집

| 시인의 말 |

이순의 세월 그 무게를 3년 동안 글 속에 담아
사색과 성찰로 나를 들여다보던 작업
아직도 어눌하고 무릎 세우지 못한 시어도 있지만
가슴을 열고 함께 나눌 수 있는 사유가
지치고 힘든 사람들에게
짧은 위안이 될 수만 있다면
가장 가치 있는 창조의 기쁨이리라.
그동안 묵묵히 지켜봐준 사랑하는 가족과
많은 지원을 아끼지 않는 아이들과 나를
기억하는 이름들에게도 고맙다는 인사와 함께
안부를 전합니다.

| 목차 |

제1부 바람같은 인생길

제2부 그대가 있어서

제3부 그대의 벽을 허물어가리

제4부 잃어버린 내 사랑

프롤로그

| 추천사 |

『초록빛 연가』

이훈식(서정문학 발행인 · 시인)

최수진 시인의 「초록빛 연가」 두 번 째 시집 출간을 먼저 축하드린다.

구상 시인의 말을 빌리면 문학은 곧 문자 언어를 통해 "자아를 표출하는 구도의 길이다."라고 했다. 인간은 무에서 유를 창조해 내는 유일한 존재이다.

문학이란 자신이 인식하는 대상을 자기화시키는 창조작업이기도 하면서도 동시에 주관적인 사고思考를 객관화시켜보는 과정이기도 하다. 다시 말하면 대상과 사물을 타인의 시각으로 보는 것이 아니라 자기의 모습으로 육화incarnation 시켜 봄으로 자기 자신을 더 성찰케 되고 글을 읽는 독자들로 하여금 바로 자신의 이야기로 받들이게 하는 아주 독특한 작업이기도 하다.

우리 최 시인은 그런 면에서 보면 갈수록 험악해지

고 각박해져가는 일상에서 인간의 쓸쓸하고 외로운 이면사를 그냥 덮어두고 외면하려 하거나 일신의 안위를 위해 회피하려는 소인배적인 자세가 아니라, 따스한 감성에서 우러난 긍정적이고 적극적인 시인의 시각을 통해 몸 비비며 뜨겁게 살아가고 있는 서민들의 진솔한 모습을 아주 담담하면서도 정겨운 시각으로 그려놓고 있다.

오랜 필력과 그간 쌓아 둔 지성과 감성을 겸비하지 않고는 그려낼 수 없는 부분들이다. 아마 지금껏 살아오면서 그간 투영시키지 못했던 어눌한 언어들의 의미들을 다시 한 번 조명해 보고자 하는 간절함이 더 컸는지도 모르겠다. 우리 일상에서 오는 의문들을 방관자가 아닌 참여자로서 더 느껴보고 사유하고 싶었던 욕망의 발로였을 것 같다.

우리가 늘 얘기하는 좋은 시는 도대체 뭘까? 오세영 시인은 어느 글에서 "이 세상에 좋고 나쁜 시는 없다. 시가 감동이 있느냐 아니면 깨달음이 있느냐 차이다"라고 말했다. 그런 면에서 보면 최 시인은 믿음 안에서 살면서 '내가 누구며 주 안에서 산다는 것이 무엇인가?' 하는 물음을 두고 시어 하나 하나 속에서 그 대답을 얻고자 노심초사했던 모습이 시어마다 절절하다.

창조는 산고와 같다고 하지 않았던가. 알고 보면 작가의 손을 떠난 작품은 독자의 몫이기는 하지만, 한 작품을 퇴고하기까지 되새기고 되새겼을 사유의 깊이, 그 여유가 시를 읽는 사람들로 하여금 따스한 시인의 가슴을 느끼게 한다.

이번 두 번째 시집이 많은 독자에게 공감을 가져다 주고 작가 자신에게는 사람의 근원적 문제에 더욱 진솔한 답을 얻을 수 있는 계기가 되기를 바란다.

우리가 이 땅에 사는 것은 실존주의 철학자 사르트르의 말처럼 그냥 이 땅에 던져진 존재가 아니라 창조자이신 하나님이 선택한 존재로서 그 예정과 섭리 앞에 순종할 수 있을 때 오는 그 평안함을 최 시인은 알고 있다.

명예와 소유가, 권력과 부귀가 우리의 답이 될 수 없는 삶일진대 가난했던 기억을, 참담했던 순간들을 행간마다 시어로 다듬어 놓은 사유가 아름답다. 이성마저 물질로 계량되는 물질만능의 세태 속에서 고향을 얘기하고 그리움을 노래하며 허욕으로 점철된 인간의 욕망을 특유한 감각과 재치로 그려낸 작업에 박수를 보내고 싶다.

한 작품을 가지고 시인의 필력과 사상 그리고 문향을 논한다는 것은 쉬운 일이 아니다. 하지만 어떻든

그동안 써 두었던 작품들을 모아 한 권의 시집으로 묶어낸다는 것도 결코 쉬운 일이 아니기에 먼저 축하 축하할 일이다.

다양화되고 다원해 가는 세상에서 한 번쯤 숨기고 싶은 내면의 이야기들을 순수한 시각으로 부끄러움 없이 자화상으로 그려낸 작품들이 많은 사람들로 하여금 사랑 받았으면 좋겠다. 그간 침전된 사유를 가감없이 끌어내고 죽어 있던 시어에 살아 있는 새 생명을 불어 넣은 작업이 너무 부럽다.

하루가 다르게 변하는 요즘 우리가 진정 바라고 원하는 것이 무엇인지 최 시인은 꾸밈없는 내면적 진실로 승화시킨 이번 작업에 한없는 하나님의 축복이 있기를 기원해 본다.

– 용인에서 이훈식 –

제1부

바람같은 인생길

가을밤에

늦가을 아름다운 노을빛
파도처럼 밀려오면
어둠으로 스며드는 하루

건너편 빌딩 처마밑에 둥지 튼 비둘기
빛바랜 향수를 심어주고
귀에 익은 차량들의 아우성이
도시의 밤을 밝힌다

큰 성경
성령의 말씀을
행여 잊을까 마음 조아리며
백열등 불빛 속
멀어져가는 가을 소리를
가슴에 주워 담는다

그대는 어찌 알까

쓰나미에 밀린 차량 틈새
꼬리표 길이 된 출근길 늦은 오후
검은 파도 속 네온빛 모판을 심어가며

모가 난 팔자걸음 대폿잔에 자맥질 당하고
이마들 늠름하게 스치는 미소
세월에 담금질 당한 중년이라

놓치지 못한 사랑 아직
그 자리에 머문 구름속에 있구나
그대가 어찌 알까

우리가 만났던 건

우리가 만났던 건 우연일까요
천년의 그리움이었을지도 모릅니다
어디에서인가
언젠가
그리고 더 먼곳이었을지언정
당신을 만날 수 있었다는 것을
나는 느낄 수가 있었습니다

어느 날 짧은 카톡에서
우리의 우정과 사랑의 속삭임은
넓은 들판 한 줄기 바람으로 남아
내 영혼을 부드럽게 감싸는
당신의 포옹에 나의 사랑을
그대에게 드릴 것입니다.

숲의 노래

풀잎이 은빛조각을 걸며 노래할 때
태양은 거만한 봉제산 허리띠 두르며
가슴에 한없는 사랑 안고
쇠잔한 나의 생각에 눈물짓는다

세상을 멸시하던 싸늘한 꿈들
세월의 무덤 속에 잠이 들고
시간을 헤아리는 동안
숲은 다정한 눈매로 나를 지켜본다

끝없는 어둠이 이웃사람처럼 다가와
얼굴도 이름도 없는 지혜와 평화를 드리우고
황혼의 나그네처럼
꽃과 나무는 아름다웠던 옛 시절을 노래하듯
수풀은 어지러이 설렌 가슴을 내려놓네

내 마음에 비가 내린다

긴 꼬리표를 흘리며 비가 내린다
창문을 찍으며 가는 울림에
내 마음에 스며드는 이 안타까움은
무엇일까?

애타는 심정에서
파르르 떨며 향기를 토하는
열차 레일 위에도 비가 내린다

등뒤에 머문 그대의 맑은 눈동자를 보며
지친 나의 영혼은
충직한 불침번으로 그대의 몸을 감싸며

감겨진 눈자위가 춤을 춘다
그대, 내 마음속을 들여다 본다면
거기엔 예쁘디 예쁜 그대의 모습이 있으리

안개 낀 철로위에
무어라 말할 수 없는
보이지 않는 사랑도 비를 맞으며 간다

그때 알았더라면

얼마나 많은 길을 걸어야
그대를 만날 수 있을까
가을걷이 끝난 들판에
휘적휘적 바람은 걸어가고
저무는 황혼이 내 딱딱해진 가슴을
수천 개의 갈잎으로 흔들어댄다

나뭇잎 사이로 산산이 부서지는 바람소리
내가 읽어주는 시와 짧은 글들이
그대의 숨결로 인화되었더라면
길이 다시 시작되는
산모퉁을 힘겹게 돌아가지 않았으리

동심초 나란히 줄지은 호숫가를
거울처럼 맑은 그대 눈동자가
가슴속 깊은 곳
부드러운 향기로 울렸을 때
그때 당신이 바로 나였음을 알았다면

빈 호주머니 같은 나날들을
저 바람소리로 보냈을 걸

저물어 가는 인생길

가을비 치맛자락의 쓸쓸함 속에
모난 삶 이겨내는 단풍나무
스쳐가는 빗줄기 온몸으로 부비며
속 깊은 사연들
가지마다 옮겨 적고 있다

황혼과 함께 넘어온 능선따라
잊혀져가는 기억 속에
붉게 매달려 있는 속삭임이
무늬진 꿈으로 이어진다

아직도 먹장구름뒤
더디게 밀려오는 낡은 생각들
멈출 수 없는 그 길 위에
얼마만큼의 가을을 담을 수 있을까

그대를 생각하며

어지러운 생각들이 눈 위에 겹쳐져
끝없는 번민과 사랑은
신비스러운 침묵 속에 잠들어가는 봉화 옛터

마른 억새 깨벗은 나뭇가지 사이로
그대 눈길 고운 자태로 남아
바람과 함께
묵은 달 녹여주며
덜컹거리는 마음 쓸어안고

커피들이 숨바꼭질하는 문턱에
바람은 매달려 칭얼거리며
햇빛들이 고픈 배를 마주 껴안고
뜨겁게 굴러다니는 봉제산

덕유산 향적봉에 올라가니

육백리 산맥으로 이어지는 덕유산
백담나무 벗은 몸들 저희끼리건만
찾아든 나까지 하나가 되어
하늘이 나를 보고 내가 하늘을 보며

환상적인 향적봉 그림자 속에
낡은 등산화 끈을 잡아당기고
변덕스런 눈보라 속에서도
자연은 스스로 질서가 있고 아름답다

등산객들이 쉬어간 흔적을 따라
등껍질 휘어진 주목의 넋두리에
도도한 노송 꼭꼭 입 다물고 멈춰서니
머리 풀고 흔들던 바람도 제자리로 돌아가는
천년의 우정으로 잠들어 있는 덕유산

태백산 산행에서

누군가가 가라고 내 등을 떠밀었는지
나는 뒤돌아보았다
아무도 없다
눈밭에 익숙한 주목이
나를 보고 웃는다

물푸레나무 가지마다 쌓인
무거운 눈들
깊은 하늘속 우듬지의 떨림에
나뭇가지들이 출렁인다
사랑한다고

하얀 무늬로 그려진 세월들
온 몸으로 쓸어 안은 태백산
삭풍이 험한 길을 서슴없이 가려주고
발을 가슴까지 끌어올리며
광음의 눈보라는
한 살 더 늘어나게 하는구나

바람같은 인생길

새벽을 깨우며 타들어가는 모닥불
꿈과 희망을 싣고 모여드는 사람들
젖은 옷자락 모닥불 속에 부비며
엇갈린 삶의 노정에 가슴을 태운다

자욱한 안개속에 꼬치 안주로
소주를 홀짝이며 나누는 행복
내 딱딱해진 가슴은
수천 개의 반짝이는 조각돌 만들며

덜컹거리는 마음
꺼져가는 재 속에 묻어두고
별자리 같은 발걸음으로
슬픔이랑 가슴 한켠에 묻어버리는
바람같은 인생길

사랑하는 사람아

수 많은 밤이 쏘아올린 별빛 아래
만물을 깨우는 당신의 숨결이
소박한 자태로
망각의 껍질을 벗는다

창문에 얼비치는 쪽달의 야윈 볼 사이
지나온 길 지칠줄 모르는 강물의 흐름처럼
눈 속에 사라진 발자국되어
등뒤에 서 있는 당신을 본다

바쁘다는 핑계로
멀어져가는 이야기로 남는 우리들의 속내
그것이 그 어느 시절
울부짖었던 넋이었던가
당신을 부르며 대답할 그 자리에서
또 그렇게 하루를 간다

당신이라는 이름속에서

어지러진 습작지에 눈총을 받으며
잠시 당신 곁에 앉아있고 싶습니다

이따금 어렴풋한 말들이 새어
바위틈에서 흐르는 저 산골 물소리에
사랑합니다, 잔잔한 파장도
슬픈 노래가 되어 그도 사라지고
이제 나는 나그네 길에 서 있네

해맑은 길섶 위에 걷던 그곳에
꽃을 뿌리며 오던 그대
기쁨과 슬픔과 사랑의 고뇌가
느릿한 물결로 밀려오고
황혼의 남은 하루 별이 되어
아무것도 아닌 내 인생
세월은 고맙게도 또 늙어가게 하네

빈 술잔 식탁 없는 의자에 앉아

내가 쓴 글자 위에
내 마음 고요히 흐느끼며 간다

겨우살이의 지혜

낙엽이 떨어진 신갈나무
발가벗은 그대 가슴속에
상록성 짙은 화장 녹황색 치맛자락 속으로
숙주몸 내어주니
까치집 보금자리 바람이 친구 되네

연노랑 구슬 마디마디 입술 사이로
목마른 산새들 사랑놀음은
신갈나무 휘어진 등껍질 점액질 비벼
또다른 겨우살이 춤을 추며 나오네

아서라!
세상사 다 더불어 사는 것
식물인들 별 수 있나
세상 이치 꿰뚫으며 가는 겨우살이

동백꽃 그대를 사랑합니다

물오른 가지에 내 영혼을 감싸는 그대
숨은 듯 피어있는 푸른 이파리 밑
동백 꽃잎 붉은 피 흘리며
꽃송이째 툭 떨어지는 애절함에
그대를 누구보다도 사랑합니다

셀 수 없는 겨울 이겨내느라 휘어진 거목
얽히고 꼬여져 뒤엉킨 사연은
하늘도 바다도 쪽빛 햇살 속에
농염한 동백꽃 다정한 눈매로 다가오고

샛바람이 깍아낸 절벽 사이로
시리도록 푸른 바다 가슴에 담고
쉼없는 동박새 노랫소리에 시간도 쉬어가며
향기없는 그대 빨긴 꽃잎 춤사위로
동박새 삼색 깃털 붉은 피 뿌리며 간다

봉제산의 슬픈 이야기

봉황새 날갯짓하는 봉화 옛터
흰돌띠에 잠든 백제 영혼이
오글오글 모여
놀란 가슴이 되는 곳

아직까지도 세월의 아우성소리가
솔향에 취해 매질당하고
얇은 운무자락 아래
길을 열어 주며
커피향에 담긴 맑은 미소가
풀냄새로 풍기는 길

낡은 등산로 빛바랜 의자에
검버섯 꽃이 피고
잠든 백제 혼들이 바람처럼 출렁이는
봉제산 오솔길
언제쯤 그대와 함께 걸어가보리

가을의 문턱에서

봉제산 능선따라 칭얼대는 가랑잎
순서없이 어우러진 황금색 옷자락마다
몰래 버린 이슬 속에
가을이 하늘 문을 열었다

그리도 쉼없이 퍼붓던 소나기
짧게 지나던 여름밤의 세레나데와 함께
보일 듯 보이지 않고
잡힐 듯 잡히지 않던
당신의 모습이 그 가을로 물들어 있다

상큼하게 높아진 하늘 아래
열무김치, 된장찌개 보리밥을
함께 비벼 먹고픈
그리운 사람이
저 만치서 손짓을 한다

우리는 한 가족

귀엽고 아름다운 선교
어느새
성년이 되어
성준이를 만나 믿음의 가정을 이루어

믿음, 소망, 사랑 가슴에 안고
우리와 한 가족이 되어 있네

풀들이 자라듯이
조용히 걸어가는 지혜로움으로 살아가고

거센 세파의 어려움을 맞을 때
내 영혼을 바위처럼 흔들리지 말고

나무처럼
끈기있게 참는 인내로
아름다운 가정을 이루어

두 사람의 오늘이
먼 훗날

흰머리 잔주름 사랑 꽃속에
손자 손녀 재롱소리 들으면서
우리도 참 잘 살았구나 하여라

–아버지가 결혼을 축하하면서

봉제산 연가

산마루 공원 빛바랜 의자에 앉아
바람속에 당신들의 목소리를 듣고 있습니다
지위와 재물이 갈라놓은 생전의 모습을
영원한 침묵 속에 나란히 누워
내 마음을 씻어준다

봄빛처럼 야위어가는 가슴속에
잃어버린 그리움이 출렁이는 봉화 옛터에도
바람과 나누며 새벽을 깨우는 땀방울 소리에
모습을 드러내는 세상 속으로
새들의 노래가 퍼져 나간다

땅을 향한 겨울 풀들이 하늬바람에 빛을 받아
봄의 향기속에 여인의 입술처럼
설레이는 마음 바람에 나부끼고
그대와 가장 행복한 때는 언제였는가
꿈을 꾸며 걷고 있는 봉제산

멀어져 있는 그대

아주 멀리 떨어져
바람이 내 머리를 흩뜨릴 때
먼발치에서 신선한 푸름으로 다가온
그대의 속삭임이
우리 둘의 눈물이 함께 흐르지요

옛 슬픔에 쏟았던 정열로써
그대의 가슴 곁으로 다가갈 수 있다면
내 영혼 속으로 햇빛처럼, 꽃잎처럼
그대를 향한 그 안에

잃은 줄만 여겼던
우리들의 사랑은
높은 하늘 끝없는 빛 속에서
울고 있는 서로를 우린 깨달았지요

넋두리

열린 창틀에 앉아 칭얼거리는 하늬바람에
모처럼 취해 보는 늦잠도
모과나무 위에 걸린 까치 전하는 소식도
발 빠르게 몰고 가는 시계 초침에
매질을 당하는 분주한 아침

연례 행사처럼 찾아가는 당신의 미소에
혼백이 빠진 카톡 자판기를 안고
붉은 덩어리 세월 속으로
봉제산 능선을 따라 퍼져나가네

나눌 수 없는 옆자리
텅비어 주인을 찾는데
맥없는 볼펜 심만이 나를 보고 웃네
이놈아! 정신차리라고

그래도 몇 자는 긁적이게 해주는
하루가 있으니 얼마나 다행인지

그 고마움이
사랑이라는 괴물을 갖다주고
흰 백지 위 시어들 심어
희희낙락 서재벽을 타고

아서라
풀어놓은 허리띠 동여매고
휘적휘적 봉제산이나 돌고오자

아름다운 이별

나누지 못했던 이별의 인사를
눈물어린 눈짓으로 바라만 보고
늙어가는 머리털 쓰다듬으며
그래도 남자라고 뽐냈건만

어떤 말로도 표현할 수 없었던
당신을 향한 나의 마음을
감당할 수 없는 서러움 일 뿐
차가운 잿빛 가을 황혼에
사랑은 머물려 하지 않네

황홀했던 지난날
사랑이라는 말보다 더 사랑하며
이 세상 모든 아름다움이 우리를 감싸주었지

하지만
이제는 다 그대를 위해
봄에 떨어진 잎새 속에 세월을 묻은 채

봄은 왔건만
내게는 가을인 듯 쓸쓸하게만 간다

나그네 인생

그리도 짧은 인생
청록색이 황금색의 문턱에서
한 번밖에 탈 수 없는 인생 열차에
잔잔한 기도의 물결이
오산리 기도 동산에 너울지며

애절한 사연 갈래길에 돌아서가고
사랑스러운 모습 더 그리워하며
왜 그리 마음의 문만 닫아걸고
더 사랑하지 못했을까
이제야 알 것 같은 길 떠난 나그네

천 년을 살면 그리할까
바꿀 수 없는 인생 열차표인데
서로 아끼고 사랑해도 모자란 세월
까닭 없이 뭔가 잃어버린 것만 같은
텅 빈 가슴 아마도
인생이 다 그런 것이 아닌지

그대가 있어서

그늘진 마음에 사랑하나 담아보았습니다
잊고 지낸 세월의 무게 속에
늘 혼자라는 생각에
따뜻한 사람으로 다가온 그대

오늘도 자투리 시간에 생각케 한
인생의 속 깊은 시름을
잔잔한 물소리로 남아
여린 바람 속으로 오늘을 외면한 친구처럼

타오르는 불꽃 속 사랑의 속삭임으로
수많은 행복이 가슴속에 되살아나는
한 토막 아름다운 이야기로
위로의 작은 소망을 나누며
종이컵에 담긴 커피 향에
아름다운 우정을 담아봅니다.

제2부

그대가 있어서

사랑의 노래

은빛 무지개 파도에 실려
백사장에 심어 놓은 사랑의 노래
파도가 밀려와 떠난 자리엔
또 다른 길을 만들어가고

언젠가는 지워져 갈 그림자처럼
영원함은 없는 것
우리들의 사랑도 그처럼 씻겨가겠지

해맑은 구름이 타는 하늘가에
햇살에 취해 파도가 흔들거리고
우리가 남긴 사연
노을 속으로 한걸음씩 빠져들어 가네

우리 아기 걸음마

샛별처럼 초롱초롱한 눈동자
아장아장 걸음마 하는 아름다운 꽃
싱그러운 들길보다 부드럽고 예쁘게
우리 아기 걸음마는 비틀거린다

가을 하늘 같은 맑은 눈으로
마주치는 엄마 눈길 위에
노래하듯 즐거워하는 우리 아기

활짝 핀 눈동자 반기듯 즐거운 얼굴
그 첫날의 한 토막놀이 이려는가
귀여운 다리 끌며 사랑과 웃음 나누며
아장아장 걸음마 하는 우리 아기

내 작은 가슴에 묻힌 님이여

내 작은 가슴에 잔잔하게 흘러
그늘 속으로 사라져 간 님이여
우리의 꿈도
우리의 만남도
지워져 가는 그 길 위에
쓸쓸한 기억만이 숨 쉬며
물 같이 흘러가는 이야기로 남아

그대의 빛바랜 사연을
작은 그리움으로 움켜쥐며
잃어버린 꿈을 찾아
피어나지 못하는 꽃처럼
그늘 속으로 사라진 님이여

스치는 세상사
이루지 못했던 애절함
가끔은 생각나는 출렁이는 파도 되어
내 작은 가슴에 묻혀져가네

바람처럼 떠난 님이여
-장모님을 추모하며

꽃다운 젊은 날들
굽이굽이 눈물겨운 가시밭길
그대로 지금까지 부모 도리 다하고

혼미해져가는 황혼길
무거운 발걸음 이끌고
바람이 친구되어
때 묻은 지난 시간들 씻어내며

옹기종기 모여 앞산 봉우리 뒷산들
추억의 눈으로 바라보고
올망졸망 번뇌 끝나는 삶 속에
봉긋한 집 한 채만 남는 것

넓이시 쓸쓸하고 어두워서 다정한
어제처럼 그제처럼 바람 속에
별이 내려와
하늘나라의 이야기 들려주고 있네

수락산의 이야기

수락산 잠든 능선 위에
다람쥐처럼 누비던 길
등산객들이 흘린 말들은 추위에 떨고

여명은 또 다른 삶으로 다가와
몇 자 남지 않은 구기어진 한 해를
가냘픈 편지로 써 본다.

미궁의 세계에서
명상 속에서도
그대의 향기 속에 부르는 나의 노래
전할 수 없는 이야기되어
웅얼거리며 메워져가는 사유

기약없이 떠난 그대

어디메쯤에 계신지요
산수유 매화향에 봄은 그네를 타고
잘게 빗질하는 갈대숲을 따라
그대는 기약없는 여행을 떠났지요

목마른 바람들은 조잘대며
시간에 못질당하는 낡은 생각
간간히 밀리어오는 때묻은 상처들

달빛이 이마를 스치는 밤
어디쯤에 계신지요
잔잔한 호수에 그대 미소 일렁이고
세월 속에 겹겹이 쌓인 이야기로
별빛처럼 잠들어가는 그대

쓸쓸한 가슴 태우며

계절이 멈추어진 늙은 가을 들녘
바람과 함께 떠난 허수아비 옷자락에
이별과 만남이 자리를 잡고

기다림의 성을 쌓던 말들은
젖은 발자국으로 갈 길을 재촉하며
슬픔과의 긴 만남 마음은 안정을 잃고

그대의 흔적은 젖은 이슬로
눈물이 되어 길을 메우며
부서지는 낙엽
아픈 가슴을 태우며 간다

오늘도 당신 속에서

너풀거리는 갈대 속에 계절은 숨어들고
길섶 뿌리내린 돌들 사이에
은행잎 지난 봄 그리움에 몸부림치며

낙엽들의 산고의 고통소리
늦가을 햇살도 등을 돌려
총총걸음으로 긴 그림자 심어가는 봉제산

때에 젖은 투박한 의자
빛바랜 모자 자리를 잡고
나이테에 몸부림치는 자전거
세월의 뒤안길을 바라보며
바람 속에 묵은 이야기 띄워본다.

낙엽되어 가는 인생

설익은 목화송이 등 보이며
미세한 생명들 분주한 세상나들이
길이 열려 활짝 웃는 보라매공원

때늦은 찬바람 가슴에 안겨
그대가 두고 간 고독을 술잔에 담아
공원매점 때저린 의자에 목을 내려놓고

세월은 노래하던 탁배기 잔에
뭉클한 지나온 발자국 흔들며
주섬주섬 걸친 옷자락에 바람은 춤을 추네

이미 떠난 그대
멀게만 보이는 낯설지 않는 그 모습
오늘도
낙엽되어 가는 인생

소낙비

햇볕이 타들어가던 아낙네 허리춤에
소낙비 들녘에 무지개 심어
풍년제를 드리는 늙은 느티나무 사이에
성난 매미 삼복더위 몰고 다니며

계절따라 오고가던 논밭 둑길에
이야기로 묻어나오는 솥두껑손길로
미숙한 생명 자리들 잡으며
투명해진 햇살 쓰다듬어주며 간다

풍년은 농부들의 손놀림에 다가오고
생명들의 아우성에
생명수를 던져주고 떠난 소낙비
농부들의 칭송소리 등 뒤에 들으며 간다.

인생길

뒤돌아보니
그다지 먼 길도 아닌데
이순의 걸어온 길 위에
명예, 돈, 권력이 엉키어
희로애락에 길들었던
먼 뒤안길

실오라기 불빛(성경책)속에
기도하며 열린 그 길이
문인의 또 다른 길로
인생의 새로운 향로를 바꾸어주신 주님

우상의 숭배에 헤매던 어리석음이
성경책 안내판속에
추스르는 이 시간을 깨닫지 못한 급급함
이른 새벽 기도하며 밝아오는 여명에
돋보기를 벗네.

이발하면서

길게 자란 흔적을 감추어보려
살다 보면 필요할 때
버릴 때도 있지만
영원히 보내야 할 몸의 한 부분

인생의 허무함을 지워가듯
미련없이 잘려나간 자리엔
검은색 흰색이 엉키어
원망스럽게 나를 본다.

거울에 비친 그들의 흔적
함께 걸어온 정에 젖어
행선지도 모르게 뒤엉키어 떠난
내 육신의 한 부분을…

무슨 일 때문일까

무슨 생각이었을까
원주행 버스에 기대고 앉아
창밖에 부딪히는 바람들의 속삭임을
귓전으로 담아가며
터미널 따끈한 커피 한 잔에
한 시간 반의 고통을 떨어트리고

당신이라는 말 참 좋네요
시어들을 되새기며
익숙지 않은 글귀들이 바퀴굴림에 따라
눈살 위에 가로세로 밉살스럽게 놓고

돋보기 코에 걸려
글귀따라 그네를 타며
쉴 사이 없이 조잘대는 낯선 이들의
익살들을
등 너머 걸터앉아
무슨 일 때문에 그냥 왔다 가는지…

사랑하는 임이여

황금색 옷깃에 수채화 담아
대답 없는 메아리
허공에 물들이며
계절을 몰고 다니는
사랑하는 임이여

길 잃은 눈동자 가슴에 매달아
잊어질까 두려운
빛 바랜 추억 속에
이별의 서러움 절절히 쌓여가는
사랑하는 임이여

산막이 옛길을 걸으면서

오백년 유배지의 혼이 젖은 등잔봉에
별들이 뜨고 태양이 불타고 지는
그 끝없는 힘 앞에
훈훈한 발길들이 모여드는 산막이 옛길은
온 누리를 덧입힌 흔들리는 산수화

봄에 떨어진 잎새 속에 세월을 묻은 채
낭만이 달천과 어우러진 기암괴석
티 없는 믿음으로 나누는 정은
저 멀리 먼 곳으로 거니는
나의 발길로 말을 하고

잿빛 초가을 황혼따라
활엽수 늘어진 숲길에는
사랑은 머무르려 하지 않고
공기, 그 빛, 그 향기
쉬엄쉬엄 걷는 마음과 봄에 초록이 묻어나네.

십이선녀탕 계곡에서

빛나는 별들은 질서를 잃어버리고
계곡은 공허하게 녹이 슬어
뚝뚝 떨어지는 낯익은 가을 소리에
그대의 숙인 이마에 노랗게 이슬이 맺힌다.

빈 바위 얼바람진 산허리에
옹달샘 낙하하는 폭포에도
철이른 가을 바람 일찍 불까 두려워
곧 떨어질 단풍나무 잎새
남은 생의 눈썹밑이 새롭고

지엄한 암석의 하세월로부터
십이선녀탕 폭포소리는
딴 세상이다. 딴 세상의 이 세상이
하늘 속의 우듬지 떨림의
이 신비로운 느낌의 아름다움이여.

친구야

미운 정 고운 정 다 담은 세월아
너는 어디쯤 가고 있나
내일이면 또 내일이면
우리는 떠나야 할 사람
사랑도 심고 우정도 심고
기약없는 이별 앞에 세월만 앞서가니
저무는 저 노을속에 못 다 나눈 정
한 잔 술에 담아 마셔나 보세

당신

베란다 위 세월을 담은 빛바랜 화분
창가에 머무르는 눈동자
잃어버린 당신이란 꽃

함께 살아온 식탁 위 손 때 묻은 수저
잃어버린 당신의 마음

언제나처럼
구시렁구시렁 세월의 노래 속에
영감 나누는 당신의 마음

주름 속에 핀 꽃들이 못 이룬 상처들
인연이란 뒤안길의 가슴

말들의 여행

에스컬레이터 위를 걸어가는
마음이 무거워 모난 사람들
건너편 승강장 서성이는 발자국
시간에 매질 당하고

고향 떠난 사투리 바람과 그네를 타며
삶의 무게 짓눌린 사연들
찌그러진 구두 잔등을 쓰다듬으며

사람들이 흘리고 간 이야기 성을 쌓으며
말들이 사람들과 어우러져 여행을 간다

봄비

경칩이 떠나고
악보 없는 봄비의 음률 따라
동면에서 깬 생명들이
합창을 한다.

바흐는 지저귀는 새처럼 되지 않으려면
영혼으로부터 연주를 해야 한다고

허리에 두른 복대로
하루를 견디는 시간 속에
마음은 너덜너덜
초점마저 잃은 사유가
환청으로 구른다.

그저 본능에 묶여 사는
허기진 삶은 버리라고
봄비가 내린다.
젖은 가슴으로 흐른다.

새로 이사 온 나의 친구

서재에 새 보금자리를
마련한 친구가 생겼다
조그마한 어항 속에
나를 바라보고 있는 구피다
새로운 환경을 몸으로
받아들이는 너는 위안이다

페라고늄 꽃의 향기 속에
번식을 위한 산고의 고통을
바라보며
만물의 시작과 끝을 생각하다
나를 만나는 시간
오늘도 너를 지켜보는 재미에 산다

달아나버리는 시간 속에
혼자 있다는 사실에
맥 풀리는 가슴을 휘젓고 다니는 모습
나도 한 때

저토록 유유자적 예쁜 시기가 있었지
나도 한 때
저렇게 사랑하는 이가 있었지

아름다웠던 내 사랑

그대는 기다려 보았는가
굳게 다문 가지에
꽃망울이 터지는 순간을

나이테로 금 그어진 가슴
통곡할 수 없었던 세월 앞에
침묵의 언어를 아는가
고요히 서 있는 당신을
뒤돌아보면
내 인생의 꽃잎을 활짝 피우던
화려한 날이었음을

내 가슴에 찾아온 고독
잔주름 가득한 나의 모습
야속하게 기다려 주지 않는 세월

그래도 사랑에 흠뻑 빠져
아름다웠던 날

잘 다듬어 시비로
세우는 날 있으리라

새벽 예배

그대는 어느 곳에 계시는지
되묻고 되물어도
대답 없는 어둡고 긴 슬픔이여
밤하늘을 수놓던 별들의 향연 끝에
열린 가슴으로 다가오는 순복음교회

쉼 없이 흐르는 한강 물결 위로
자맥질하는 달빛 유영
메마른 영혼들이 기도하는 자리
아직도 가냘픈 믿음은 그대와 하나 되지 못해
오늘도 웃음 뒤로 나 또한 죽어가네

새벽마다 뜨거운 기도
가슴으로 불 지피며 생생한 빛을 향하여
꿇어앉은 무릎 사이로
썰물처럼 밀려오는 회한이지만
어둠 가운데 빛으로 오신 그대를
기다리는 아침은 축복입니다.

세월과 함께 넘어온 당신

거울 속엔
낯설게만 보이는
또 다른 내가 웃고
울고 있다.

까닭모를 그리움이 울컥 쏟아지면
세월의 두께만큼
가슴 깊숙한 곳에 매달려 온 정 하나
오색구름으로 뜨고

가냘픈 손등에 검버섯 피어
마디마디 마다 자리 잡은 통증도
주름진 당신 웃음 속에서 녹는다.

비가 오려면
통증이 먼저 나를 찾는다는
당신의 쓰디쓴 미소가
오늘도
세월을 울리고 있구나

봄을 몰고 오는 매화꽃

꽃샘추위가 등을 돌리고
바람의 숨결이 달라지니
겨우내 봉인되었던 마음 들썩인다.

그윽한 향기와 희고 붉은 빛깔로
봄을 몰고 오는 매화꽃
손잡은 인연마다 사랑이 영글고

백매화 홍매화가 펼쳐놓은 무릉화원
흔들리는 춘심 속에
스며드는 향기
온몸 자지러지던 추억을 담아본다

힘차게 휘돌아가는 섬진강 물결
저녁노을 속에 묻어 나오는 쓸쓸함
지나는 이의 발길을 잡는구나.

'청색종이' 중고서점

황사가 코와 입을 가리는 오후
문래동 철공소 뒷골목 휘적휘적 돌아
청색종이 중고서점에 잠시 머리를 내려놓고

시를 쓴다는 것이 무엇인지 알면
다음 시를 못 쓰게 된다고
다음 시를 쓰기 위해 여기까지의
시에 대한 사변을 모조리 파산시켜야 한다는

님들의 소리를 담아 등 뒤에 머물고 있던 시간
빛바랜 시어들이 숨을 쉬는
때 묻은 서적들이 발길을 놓아주지 않아

몇 권의 책 주섬주섬 모아
서재에서 펼쳐보니
보석 중 보석들이 눈앞을 가린다.

봄의 끝자락

봄의 전령사가 던져주고 간 목련꽃
길거리에서 목 놓아 울고 싶어지는
이 애달픈 그리움

그대의 찬란함이 어찌
한 순간에 사라져
버림받은 방랑자처럼
짓밟히고 있는가.

어깨 너머로
울분을 토하는 오후
황사까지 발길을 붙잡아
휘적휘적 돌아오는 무거운 발걸음

단주를 하면서

내 꿈이 꿈과 함께 뒹굴고 있을 때
아무것도 찾아내지 못한 육신들이
뿌연 하늘에 달이 떠오를때면
세상은 그대의 눈빛으로 물들어 갔지요

그대와 함께 세월따라 늙어가면서
눈속에 사라진 발자국 찾느라
친절한 시간은 벗이 되니
잠들지 못하는 밤을 노래하였지요

기도로 채워지지 않는 욕망을
그대와 함께 했던 삶의 길목에서
고단하고 힘든 마음을 나누었던
그대를
이제는 내가 내려놓으렵니다

제3부

그대의 벽을 허물어가리

관악산에서

아무도 길을 열어주지 않는 숲속에
가만히 다가오는 발걸음소리
낙엽 쓰러진 틈 사이로
봄을 깨우는 기지개소리
약수터 물들의 속삭임

곁눈질하며 철이 든 진달래
엷은 미소
벌거벗은 잔나무들
힘겹게 이겨낸 엄동설한의 떨림들

오묘한 자연의 숨소리
귀 기울이며
고개 내민 움들의 세상나들이
발걸음 부여잡네

바위

수년의 침묵 속에
오가는 발길질에도
묵묵부답

지나가는 바람이
오랜 친구이다.

모진 세월에
얽힌 자국들만이
상형문자가 되어 너를
위로하고 있구나.

가정의 달

헝클어진 머리
계절이 지나가는 소리 들으며
내 눈에 핀
당신에게
장미 한 송이 건네주면
가슴 타듯
장미 같은 불꽃으로
차오를 당신

누군가에게 건네줄 수 있는
장미 한 송이 있다면
그게 참사랑입니다.
아름다운 가정의 달을 꾸며보세요.

서재에서

서재 문 들어서니
부딪히는 목련화 향기
밤새워 낯선 책들을 어루만지고
때 묻은 의자에 널브러진 원고지들
보듬어 안았을 그리움

바른 길을 찾고자 하는 내 영혼
너의 향기에 감염되어
멈춘 내 발길
전율되는 몸 속으로 숨어들어가네

색소폰 연가

세월의 바람을 이기고자
삶의 나이테를 되돌리며
느즈막에 잡은 동반자

서로가 서로에게 위로가 되는
리듬 속에 묻어 나오는
아름다운 메아리

아득히 멀어져 간 시간의 흔적 속에
보지 못했던 당신의 모습이
색소폰 음률에 기대에 있다.

오늘도
시간의 물결 위로 떠내려가는
아픈 마음 쓰다듬어 주는 색소폰

내 가슴 깊숙한 곳에 숨은 사랑
불 지피며 간다

내 좋은 벗에게

겨울의 향기 뚝방 길에 앉아
재촉하는 발길질 어둠은 숨어들고
어디에서도 볼 수 없는 복음의 선구자
새벽 기도가 살아 숨 쉬는 순복음교회

주님께 세상이야기 다 털어놓고
힘겹고 무거웠던 옷 훌훌 벗어
믿음, 소망, 사랑의 옷으로
요동치는 성령충만함
아름다운 향기를 품어내는 새벽길

힘차게 비상하는 새들의 날갯짓에
병신년 새해
나와 함께 동행하는 좋은 벗에게
사랑은 내 삶이 끝나는 그날까지
우리의 희망임을 전하네

태백산에서 핀 우정

산아 산아 태백산아
모두의 발걸음 멀어지고
꿈은 하늘까지 날아오르고
언젠가 사라져 돌아올 수 없는 우리지만
장엄한 너의 모습에 고개 숙인다

하늘은 순백의 설산에 입맞춤하고
좁쌀 같은 내 발자국 점하나 찍으니
심장 깊숙이 숨어 있던 사랑에 불 지피네

빛 고운 물푸레나무들이 늘어놓은
세상푸념 다 들어가면서
태백산 정기 온 몸으로 감싸 안은
미림인들이여
구름도 쉬어가는 마루턱에 앉아
커피 한 잔에 온 몸 적셔보세

나뭇가지에 걸린 하얀 산호초

일출에 붉은 빛 흘린 오색무지개 속에
황혼까지 동행하는 내 사랑 붉게 타오른다 .

빛바랜 사진첩

눈 덮인 화악산
눈 아래 펼쳐진 화전민들
손때 묻은 계단밭에
흰 치마폭 너울거리는
빛바랜 사진첩 속에
몽둥이 하나 들고 서 있는 나를 본다.

서재 책장 모서리에 자리 잡은 지
벌써 십수년이 지났다
오늘따라 풀리지 않는 글 쓰다가

한파에 시달린 창문사이 비집고 들어온
쪽빛바람에 말없이
마주보고 있다가
오래 기다린 눈길과 마주치기라도 한 듯
너를 바라보면

지금껏 오직 나만 응시하고

있었던 것은 아닐까
섬뜩한 생각에 이젠
쓰기 싫은 글 혼자 쓸 때도
요란스런 하품에 벗고 설치던 것도
삼가야겠다.

세월이 염색을 하고 가네

인생이란 희극도 비극도 아닌
세월의 무게에
소리도 의미도 아닌 것들이
검은 머리카락을 밀어내고 있었네

뒤엉킨 세월이 허공에서 길을 찾을 때
내 세포들은 늙기도 서러워
심장 속 날카로운 소리들을 쏟아내고

앞서거니 뒤서거니
몸의 공동 속으로 파르르 죽어가는
관능의 지느러미들
이순의 세월 흩날리며
그래도 시라고 한 줄을 쓰네

작은 책갈피에 끼워놓은 동심은
녹슬어가는 인생에 흐르는 하루가
커다란 머그잔 커피향 속에

가슴에는 한기를 느끼며
괜시리 눈시울 붉어
흰 머리카락 띄워보네

수락산 연정

사랑하는 사람아
멀어진 기억 속에 너를 찾으며
사랑했던 내 마음 전하지 못하고
낙엽 쌓인 수락산 나 홀로 걷는다.

사랑하는 사람아
저만큼 앞서가는 세월을 붙잡고
한 번쯤 생각이나 날까
비 오는 수락산 오솔길 따라 너를 찾는다.

미운 정 고운 정

미운 정 고운 정 다 쌓여진
내 사랑하는 사람아
지금은 멀어져 빛바랜 사진

앞서가는 세월 속에
가슴 조이던 날에 그 기억이
너를 찾는다.

어차피
멀어질 우리의 인연이었다면
너의 그림자도 밟지 않았을 걸

켜켜이 쌓인 우리들의 사랑
빛바랜 사진 속에서 눈물짓는다.

세월은 가고

푸르름이 잠든 고갯길
황금색 노을은 산허리 감싸고
지나는 이들의 눈동자 붙잡는다.

무거운 발걸음
땀에 젖은 세월 속
멍든 자국
늘어난 잔주름

앙상한 가지 매몰찬 이야기가
그네를 타면
어깨 너머 들려오는
삶의 무게

바람 등 뒤로 들려오는
저무는 계절의 울음이
가을 속으로 빠져들어가네

아름다웠던 추억

그대 곁을 지날 때
내 가슴 들뜬 환희
그대의 밝은 웃음이
엄동설한 따스한 이불이 되었지요

덧없는 바람마저
부드럽게 감싸는 내 영혼
그대와 함께 공존하는
그 많은 날들 앞에
가끔 생각나는 사랑으로 남았지요

흐려진 마지막 기억 속에서도
있는 듯 없는 듯
장미향 같은
소리 없이 다가오는 흐느낌
먼 지평선에서 잿빛으로
홀로 울고 있네요

중년의 봄은 찾아오겠지

멀어져 갔던 발자국
기도로 채워지지 않던 날
내 가슴 돌이 되어
그대 곁으로 떨어져 가고

고독한 술잔 위에
국화꽃 피어나듯
다가온 그리움

떠들썩했던 기억
바람처럼 사라진 자리에
아직도
그 돌은 내려가고 있네요

어쩌면 좋지요

고운 햇살
겨울은 천천히

중년의 마음에
봄은 찾아오겠지

그대에게 편지를 쓰다

일상생활에서 바쁘다는 핑계로
낙엽 길 눈 속에 잠긴
바뀐 계절을 못 보고
어쩌다 떠나지 못한 이야기로
빛바랜 달력에 매달린
나를 보고 웃는다.

오늘따라 먼 뒤안길에서
가슴 저리게 기다려지는 그대

몇 해가 지나갔어도
이제야
메워져가는 그리움에
은빛 물방울 적시며
내가 나에게 편지를 쓴다.

그대 보내고 정을 묻혀가네

휘어진 골목길
정에 붙잡혀
걸음걸음마다 쌓인 정이

어제는 진눈깨비 옷깃을 적시고
오늘은 봉제산 능선 따라 뭉게구름 되어
나를 부여잡는다.

긴 그림자 어둠을 감싸 안을 즈음
그대 등 뒤에 매달려
눈가에 얼룩진
익숙지 못한 이별의 말
활화산처럼 토해내며 가는 정

아픈 상처들

내 마음 깊은 곳에 자리 잡은 그대
잔잔한 눈으로 바라볼 수 있다면
요동치는 맥박소리 나와 함께 눈물 흘려주려마

슬픔은 한없는 기억 속으로
밤하늘 은하수 깊은 뿌리에
수년간 담아온 사연

아는 이 없는 이 못난 상처
이제는 그대의 무게를 내려놓고
긴 여정의 이야기 속으로
숨어 들어가네

그대는 떠나가고

세월은 아픈 흔적을 두고 떠나도
그대 체온 내 곁에 머물러
마음의 안식을 채울 수 있었습니다.

숨죽인 낡은 생각들 속에서도
아직도 그대와 함께 하고 있다는 것만으로
나는 설렘에 가슴 저렸습니다.

기약 없는 이별이었지만
그대
언제인지 알 수는 없지만
우리 다시 만난다는 기다림 속에
오늘도 열린 창을 닫지 못합니다.

인연

아니 보고, 아니 만나야 했던
그래도
언젠가는 만나게 될 우리들의 인연

삶 속에서 계절이 떨어지는 소리 들으며
오늘은
발밑에 자지러지는 낙엽들도
머리를 풀고 있는 눈꽃들 향연 속으로
차디찬 눈물이 되어 흘러가네

나뭇잎사귀에 붉게 물들은 은빛 무지개
두 볼을 어루만질 때
한 번쯤은 행복했던 날도 있었으리

그대의 그 벽을 허물어주며 가리

봉제산 널브러진 의자에 기댄 가로등
여인들의 숨은 이야기 담아
침묵 속에 너울거리고

전할 수 없는 그리움 쌓여
숨 가쁘게 달려왔지만
그대의 속마음 깊은 곳까지
닫혀진 침묵의 벽
떨쳐내지 못한 가슴앓이 쓰다듬으며

사랑합니다.
젖은 눈시울
아름다운 손길로
그대의 그 벽을 허물어주리

토요일 밤

창문을 쓰다듬는 달빛 속에
그대와 함께 나누던 숨결이
빈 잔 속에 출렁이는 그리움

술잔들이 숨바꼭질하는 낡은 선술집
파도처럼 밀려오는 그대
투박한 의자에 담겨
허공에 맴도는 담배연기 속으로
그대의 향기 찾아보려 허우적거리고

별이 내려앉은 은행나무 가지에
눈자위 젖은 그대 모습 걸려
세월 속에 떠나간 가까운 사람들
그들이 남긴 발자국을 따라
한 번쯤 취하고 싶은 토요일 밤

나의 색소폰

세월의 바람이 무심히 지나가며
부르고자 했던 나의 노래는
악기만 이리저리 켜보다
마음속에 자라는 욕심을 위로하며
준비된 것은 오직 바라보는 마음뿐이었습니다.

소리 없이 내리는 새벽 가랑비
바람만이 한숨 쉬듯 지나가고
보지 못했던 당신의 모습을
들어보지 못했던 당신의 목소리 그리워하며

내가 아는 것은 오직 텅 비워진 발걸음 속에
당신의 자리를 마련하는데
오랜 시간을 보내고 있었습니다.

등불을 아직 켜지 못했으니
당신을 청할 수 없으나
당신을 만날 희망 속에
목쉰 색스폰에 숨결을 불어넣습니다.

청춘은 바람처럼 사라지고

걸어온 삶의 지혜와 깨달음도
나이에 굴복당하고
그때그때 피었다 지는 꽃처럼
영원하지 않으리

수양버들가지 파르르 떨며
풀피리 소리 들을 때
아직도 무너지는 옛날을
놓지 않으려고 부둥켜안건만
질풍처럼 청춘은 우수수 떨어지네

내 사랑 내 품에 그대를 안았으나
왜 그런지 나는
조용하리, 슬픈 마음들이여.
구름 뒤에 태양은 아직도 비치고
누구에게나 얼마간의 비는 내리며
어둡고 쓸쓸한 날이여.

산막이 마을

하늘이 조용히 등잔봉에 입 맞추니
숲은 나직하게 출렁거린다
작렬하던 태양도 괴산호에 쓰러져
끝없는 한숨을 토해내는 둘레길

산막이 마을 담궈진 정은
거울 같은 괴산호 수면 위에
끝없는 사랑으로 잠긴다.

어디선가 아련한 속삭임
너는 어디서 온 것인지
잠들지 못하는 밤을 노래하며
추억은 속삭이듯이
가슴속에 나를 새기며 간다.

눈이 오는 밤에

창문에 서 있는 눈꽃 속에
순한 양이 되어
눈시울 적시는 그대

몸 부비며 속삭이는 눈꽃 속에
또 다른 추억을 심어 가겠지

소나무 가지에 쌓인 슬픔
입 맞추면
세월은 고맙게도
눈 속에 사라진 발자국처럼
그래도 당신과 나를 기억하네

빛바랜 사랑

빛바랜 사진
혼탁한 어둠을 헤집고
그대의 빈자리를 잡아
한 움큼의 꿈을 뿌린다.

수많은 사유의 별들이
그대의 고운 눈망울에 어리며
산울림과 향수의 소리가
그대를 살포시 안아준다.

내 안에 욕망이 부식토록 쌓여
거미줄 같은 입김을 토해 낼 때면
내 영혼 속에 잠들었던 새 한 마리
나를 깊은 잠에서 깨어나게 한다

그리움 하나 적셔보네

무심히 지나온 중년의 바람 속에
멈추었던 심장 소리로
걸어나오는 그대

따뜻한 손마디 쓰다듬으며
내 가슴에 귀 기울이네

거울 속에 본 나를
세월이 웃고 나는 가을 문턱에서
숲을 거닐고 있지만
진주처럼 빛나는 그대를
마음껏 적셔보려가네.

그리운 사람아

아무것도 찾아내지 못한
인생의 고뇌를 사색으로 달래며
그리움은 계곡 한복판에서
기묘한 산새들의 속삭임에
부드러이 빛바랜 사연 흘리네

너는 어디에서 온 것인지
너 역시 나처럼
잠들지 못하는 밤을 노래하는가

짙은 벌꿀 향기처럼
내 청춘의 초상이 나를 바라보며
지금은 벌써 전설처럼 된
상처입은 새들의 노래소리 듣네

세월은 살결에 주름을 만들지만
장미는 여전히 향기를 내뿜고
추억을 속삭이듯이 가슴속에 새겨져만 가네

제4부

잃어버린 내 사랑

이정표 없는 인생길

세월의 무게 속에 자리를 잡고
내 가슴엔
망각 속에 피어난 한 송이 꽃

나비가 날아오르고
벌들이 날아 청춘의 꽃은 피어있건만

뚝뚝 떨어져 오는 발걸음엔
뜨거운 꽃잎들 사라지고
이정표도 없는 인생길 길잡이가 되어

감추어진 미소 속에
믿음을 키우며 소망을 가꾸며
사랑은 받는 것보다 주는 것이 행복하다며
이런저런 이야기들
긴 그림자 속에 숨어들어가는 오후

공장 옛 터

잡초가 성을 쌓는 야적장엔
멈춘 시계 위로 넋을 잃은 장비들
눈과 귀를 가리어 아픈 상처 나누며

비탈진 능선 다져진 길 위에
쇳소리 굴러다니던 성장동력들
뉘 있어 깨우리 잠들은 너를

오늘도 또 내일도
굴러가던 수레바퀴는
연기 끊어진 굴뚝에 매달려
쓴웃음 짓고 있네

당신이란 이름

어떤 말로도 표현할 수 없는
잊고 지낸 당신의 무게
네 마음이 오랫동안 내 것이었던 것을
생각해 본 적도 없는 당신의 손길

늘 뛰어도 저만큼 앞서가는 세월 속에
일상에 지치고 힘들어 할 때도
삶의 모서리에 닳아버린 사소한 일들도
감사와 용서를 구하지 못하고
오늘도 자투리 시간에만 생각케 한 당신

맑은 물방울같은 작은 글귀 하나에도
가슴을 조이며 아파했지만
어리석은 나의 스쳐 지나는 그림자는
당신이란 이름 희미한 가을 햇살 속에
이제야 알 것 같은 당신의 사랑

사노라면

–아내의 디스크수술

수많은 낱말들이 죄인처럼 숨어있는
공황 활주로에는
구부린 허리 부등켜 안고
오는 시간은 저리도 느리고
가는 시간은 이리도 빠름 속에 잡혀

모퉁이 돌아가는 뒤안길에는
어제 본 나를
오늘 본 내가 부러워 쳐다보고

생떼를 부리던 몸의 일부 디스크도
번개칼 내리어 꽂혀 태워버리니

설익은 웃음
나팔꽃처럼 핀 마누라 얼굴에
시간은 오늘을 잠식하고
내일을 또 쳐다보며…

그대들도 끝내 녹고야 말구나

봄이 오면
그렇습니다, 저는 당신을 그리워합니다
그늘 드리워진 세월을
한겹한겹 맵시로 허물을 벗고

그 옛날 있었던 일들을
때묻어버린 슬픔 속에
파르르 떨며 봄의 향기를 토해냅니다

풀피리 노래하던 개울가 빨래터에
흐르는 이 눈물 꽃이 되어 피어나고
출렁이는 물결 속에 그리움 살고지고
시냇물이 살랑이며 녹아가는 봄입니다

계절은 이렇게 흘러 가는데

가난한 역사가 잠들어 있는 봉제산
신화는 신화대로
전설은 전설대로
띠두른 봉화옛터에도
가벼운 잎을 지닌 봄은 찾아왔다

갸냘픈 마음은 슬픔에 잠들고
그대와 가까이에 머물던 그곳에
쓰라린 슬픈 씨앗은
여린 바람속에 잔잔한 물결로 다가온다

강물처럼 지칠 줄 모르고 지나온 세월
풀 위에 이슬같은 땀방울 심어온 나그네 등 뒤
그리움이 출렁이는 물결 속에
고독한 시간은 부풀어 오르고 있다

눈내리는 밤

먼곳에서 찾아와
창틀에 머물다 흔적 두고 떠나는
새벽을 깨우는 길손

너는 어디서 와서
또 어디로 가느냐
동해바다 용트림에
내 생애는 또 다른 모습으로
하얀 소복치마자락
대지를 덮으며
잔잔한 눈매로
나를 또 찾아오겠지

돌고돌며 역류를 모르는 세월에
고개 숙이며
오늘도
뇌에 친숙한 소리 들으며
서재문을 나선다

동심

백지 위를 메워가는 볼펜 심에
꿈틀거리는 동심
낙엽 찢겨가는 계절은 멀어져
때묻은 꼬막손 갈라진 사이로
잠을 깨워가는 이야기들

안경 도수가 맞지 않아 글씨가 흐려지니
틈틈이 쓴 글 지워 또 쓰는
내 모습에 쓴 웃음지으며

아직도 옛 향수 속에
꿈을 접어가는 친구들
멀지도 가깝지도 않은 그곳으로
한 번쯤 생각인들 해볼까

길의 노래

봉제산 둘레길에는
먼동이 닿은 노래가 있습니다
벌레들 산새들과
죽은 넋들의 마음에 담은
걸어가는 길의 노래를 듣고 있습니다

스적스적 산들바람이
얼굴을 스치면
한걸음 앞서 나는
바람에 얼굴을 불쑥 내밀어 드립니다

삶 뒤에
다음 삶이 있거나 말거나
오직 이 세상의 삶 하나로 살아가야 할
삶이듯이

시는
저만치서

낯익은 그대 두 뺨에
끝내 누워
하늘이 익어가는는 날이었습니다

이제는 내려놓으렵니다

그대와 머물렀던 그 자리
이제
내가 내려놓으렵니다

세찬 비바람 속 버팀목이 되었던 그대
삼복더위 따가운 햇살
받쳐줄 그늘도 지금은 없습니다

그대 머물던 그 자리가 그렇게 넓으신지
왜?
그때는 내가 몰랐을까요

대답없는 절규의 메아리
이제는
내가 그대를 지워야겠습니다.

시를 쓴다는 것은

시냇물의 속삭임에 귀 기울이며
바람의 소리에 마음을 쏟아내며
한 줄의 시어를 그리어 낼 수 있다는 것은
축복 받은 일이다

쫓지 않아도 가는 세월 속에
산책하듯 걷다 보면
눈 앞에 맴돌고
가슴에 일렁이는 파도의 너울
표현하지 못하고
안타까워하며 살아가는 날들

보고 듣고 느끼며 숨은 마음을
시로 쓰는 것은
누구나 할 수 있는 일은 아니다
숨어 숨 쉬는 시인의 시를
나누며 공감할 수 있다면
시인으로 축복 받은 삶이다

인연

오랜 시간 함께 보내지 못해도
목향처럼 난향처럼 가슴까지 배어 있는
당신의 향기를 생각합니다

희미한 달빛, 쪽빛 눈길로 다가오면
첫 별들 쪼아먹는 나의 영혼처럼
당신을 생각합니다

깊어진 주름살에 걸린 계절이
낙엽을 몰고 다니며
당신을 바라보고 있습니다

봉수대 옛터에도
세월과 함께 자란 돌들도
지나는 이들 발길질에 매질 당하며
먹먹한 소리되어 들려올 때면
당신의 소리를 듣고 있습니다

숲이 침묵에 빠질 때
이따금 바람이 살랑거리는 소리도
당신과 함께 나누던 이야기로 다가옵니다

당신은 아직도
젖은 눈으로 한 줄기 번갯불이 물에 비친
창백한 모습으로 다가와 있습니다

아!
거기에 내가 가 있습니다.

그리움

그대가 내 곁에 있었다면
내 영혼 속으로 끝없는 사랑이
슬픔을 고문하듯 깊어지지 않고
고독한 시간은 부풀어 오르지도 않았을 것입니다.

나뭇가지들은 하늘 속 우듬지의 떨림에
나까지 하나 되어
물안개 젖은 계곡을 따라
걸음을 멈추고
그대를 그리워하고 있습니다.

달빛은 바닷물과 만년의 사랑을 속삭이며
때 묻은 슬픔은
그 옛날 우리들의 사랑에
파르르 떨며 향기를 토해내고 있습니다.

그렇습니다
아직도 그대를 향해
흐르는 눈물 꽃으로 피어나고 있습니다.

사랑은

세상 속에
사람들은
사랑을
뚝뚝 떨어트리며
제 길 가고

떨어진 사랑은
또 다른 모양새로 다가와
사람들 속에
뚝뚝 떨어뜨리며
제 길을 가네

피자 두 쪽의 배앓이

상냥한 가락이 나뭇잎을 뒤집으며
내 배앓이를 건드리고 있다
냉, 온탕 오가는 피자 두 쪽
광야가 온 몸으로 조그마한 신음소리를 낸다

어둡고 깊은 조화의 품안에서
향기도 색채도 없는 멜로디
봉제산 산까치 알람소리에
벽을 타고 내려오는 심장박동

굴뚝이 하나님 발 아래 연기를 토하고
황소가 주위를 돌려보며 걸음 멈추는 배앓이로
휘청거리는 마음 한 자락 내려놓는다.

한 시름

이맘때쯤
등 뒤에 걸린 노을 속에
탁배기 한사발 심어
땀에 젖은 목젖 털어내며

오늘은
그대곁에 산지킴이 되리
그러나
그대는 떠나고 흔적만 자리를 메워
생각마저 소각되어

부재가 쌓여진 껍질 속에
시간은 내일을 약속하며
탁배기 한 사발에
언젠가 우리
태산 같은 이야기보따리 풀어나 봄세

얼룩진 어둠을 씻어주며

그대
조약돌 같은 사연 안고
사랑의 탑 쌓던 그 자리
바람은 세월과 함께
슬픈 언어들속으로 사라지는 이야기

계절은 몇 번인가
뒤틀린 흔적을 두고 가지만
잔잔한 호수에 물안개 꼬리치며
눈가에 젖은 이슬로
그대의
얼룩진 어둠을 씻어주며 간다.

파도에 밀려 잊고 지낸 날
고독의 잔 나누며 저울질하던
중년의 길목에서
그대가 내 곁에 있어서 행복합니다.

잃어버린 내 사랑

거울 앞에 늙어가는 세월이 쓸쓸히 웃고
한 번쯤 혈관 속으로 스며드는 따뜻한 마음
이제
얽매인 삶 다 풀어놓고 이성의 벽 허물며
순서 없는 갈림길 뒤돌아볼보니

그대 비운 마음 내게로
내가 비운 마음 그대에게로
진줏빛처럼 빛나는 사연들
내 곁에 그대가 있어서
나는 참 행복합니다.

번개가 지난 자리

검은 천으로 하늘과 땅 끌어안고
땅에 다리를 놓아
하늘의 바다를 만들며

넘쳐 흐르는 빗물은 파도를 타
뭉클한 방울 굴러다니는 나뭇잎 사이로
웅덩이 벌린 입사이로 빨려 들어가고

땅속으로 부딪치는 파장소리
들썩이는 미세한 생명
구름이 풍랑되어 노를 저으며 지난 자리에

별들의 환영 속에 은하수 뿌리며
어둠과 땅을 으스러지도록 껴안은 보름달
하나 되어 지나고 있다

봄내음

봄이 오면
그렇습니다
저는 당신을 그리워합니다
그늘 드리워진 세월
한겹한겹 나들이 맵시로 허물을 벗고

그 옛날 있었던 모든 일들을
때 묻어버린 슬픔에
파르르 떨며 봄의 향기를 토해낸다

풀피리 노래하던 개울가 빨래터엔
흐르는 이 눈물 꽃이되어 피어나고
살고 지는 그리움
그 위로 시냇물이 살랑이며 흘러가는 봄

생명의 언어로 살아가는 길

생명의 언어란 축복 격려와 칭찬 화목 위로이며,
희망의 언어는 사랑과 감사 온유와 진실로
다듬은 사유를 말하지요
온순한 혀는 곧 생명나무지만,
패역한 혀는 사람의 마음을 상하게 한다고 하지요
의인의 입은 생명의 샘이라도
악인의 입은 독을 머금는다고 하지요
패역한 혀와 독을 머금은 입이
사망의 말을 의미합니다
현대 사회는 죽음과 절망, 파괴적인 언어 바이러스에
감염되어 신음하고 있습니다.
온갖 파괴적인 말들이 가득하지요
사회관계망 서비스(SNS)를 비롯하여
인터넷에서 익명성의 뒤에 숨어서 증오와 거짓루머
공격적인 말들을 무책임하게 쏟아내며
사회를 파괴하고 있습니다.
인간은 결국 죽음과 비생산적인 말들이
인생을 갉아먹고 삼키게 된다는 것을

뒤늦게 깨닫고 가슴을 칩니다.
현대인은 말에 감정을 싣는다고 하지요.
이럴 때 생명의 언어를 하는 사람들이 소수요,
저항자가 되어 죽음과 절망 패배가 아닌
생명과 희망 승리를 이루어야 합니다.
우리는 자기 부정의 언어를 버리고 사랑의 언어,
생명의 언어를 사용합시다.
우리가 살면서 실패하고 좌절과 쓴맛을 볼 때
부정적인 말을 많이 하지요.
이제 언어의 중요성과 능력을 깨닫고
가치 있는 존재 축복된 삶으로 변하기 위해서는
하늘이 주시는 생명의 언어로 불빛을 세워야 합니다.

술의 고뇌를 아는가

황홀한 고요에 몸을 떨며
술의 향내에 햇살이 취해

내 입으로 잔을 가져가며
미소 뒤에 감추어진 조소를 보고 있네

가난할 수밖에 없는 분노 때문인가
가난한 시인이 마시든, 부자든, 정치든,
취하긴 마찬가지인데
살아남은 사람들은 술조차 계급을 만드는가

세상살이 누구에게 탓하랴
바람처럼 허허롭게 가다가
누군가 인생을 아는 척 하려하면
나는 그저 웃고만 간다네

그대가 아무리 부유해져도
하루 세 번의 식사만 허용될 뿐
술인들 안 그런가

사람들은 누구나 비슷한 방법으로
살아가고
밤마다 바꾸어 꾸는 꿈조차
비슷하다는 걸

바람도 이미 알고 웃으며 간다네

프롤로그

글쓰기에서 얻은 지혜

나는 새벽에는 어김없이 책상을 마주하여 말씀을
묵상하고 '자유 글쓰기' 를 한다.
어떤 소재나 목적을 두고 쓰는 것이 아니라 그저
떠오르는 생각을 써 내려가는 아주 단순한 방법으로
글을 쓴다.
논리적이거나 주제가 좋으나 나쁘나 걱정할 필요가
없다. 말씀 글에서부터 일상적인 생활 속에 묻어
두었던 것들이나 전하고 싶은 얘기도 좋다.
아침에 쓰는 이 '자유 글쓰기' 로 나의 생각한
모든것이 나온다고 해도 과언이 아니다.
생각의 메모들이 모여 한 편의 시가 되고
에세이가 되는 것은 물론이다.
계속적으로 어떤 문장이나 단어에 구애받지 않고
글쓰기를 해 보니 새로운 구상이 떠오르며
스트레스와 긴장감이 날아가는 것은
'자유 글쓰기' 부터 중요한 효과를 볼 수 있다.
이른 아침에 몰입해서 나오는 좋은 호르몬을
잘 컨트롤 할 수 있다는데서 나오는 자신감과

정신적으로 찾아오는 건강도 맛볼 수 있어 좋다.
나는 글을 쓰면서 간혹 전쟁 내내 '난중일기'를
썼던 이순신 장군을 생각한다.
역경 속에서도 용기와 헤쳐나갈 수 있는 지혜를
글쓰는데서 찾았을 것으로 생각해본다.
오늘날 우리도 이처럼 중차대한 위기를 겪는 것은
아니지만 하루하루가 마치 전쟁과도 같으니 우리를
지켜줄 용기와 지혜가 필요하다.
글을 쓴다는 행위는 자신을 지키고 세워주는
아주 중요한 힘의 원천이 될 수 있는 작업이다.
한 번 쯤 자신의 생각을 직접 자신의 글로 쓰는
능력을 길러 몸속의 독소를 풀어 봄도
우리가 살아가는 하나의 지혜가 아닐까 생각해본다.

내 눈의 건강을 찾아

삶이란 무엇을 더해가는 것이 아니라
버리고 또 버려서 마지막에 남는 그 한가지,
그 단 하나를 위해 내 삶 전체를 버릴 수 있는 삶,
그것이 인생이고 믿음입니다.
사람에게는 네 가지 눈이 있다고 합니다.
하나는 육안입니다.
말 그대로 육신의 눈입니다.
그 다음은 혜안입니다.
지식을 통해 얻게 되는 일종의 통찰력같은 것입니다.
그것으로 충분하지 않습니다.
무언가를 안다는 것이 오히려 눈을 가릴 때가 많기
때문입니다.
그 다음은 심안입니다.
욕심과 질투에 눈이 어두운 사람, 잘못된 경험에
집착하는 사람은 바른 시각을 가지고 있지 못합니다.
그래서 마음의 눈은 건강해야 합니다.
그런데 한 가지 눈이 더 열려야 합니다.
바로 영안입니다.
오직 하나님 앞에서만 온전히 볼 수 있습니다.

신앙생활이란 가장 귀한 것의 가치를 알아보지
못했던 눈을 뜨는 것입니다.
눈을 뜨면 그때부터 새로운 삶이 시작됩니다.
세상을 보는 것만으로 믿으라 강요하고,
보는 것이 전부라고 협박합니다.
하지만 보는 것을 믿을 것이 아니라 믿을 수 있는
것을 보아야 합니다.
세상을 향해 눈을 감을 때 비로소 하늘의 비전을
볼 수 있습니다.
당신의 눈은 건강하십니까?
진정한 가치를 볼 줄 아는 눈만으로는 안됩니다.
그 가치를 위해 헌신하는 삶이 필요합니다.
한 가지를 볼 줄 알고 깨달았다 할지라도,
그것은 내 것이 아닙니다.
헌신이란 내가 발견한 가치를 놓치지 않기위한
몸부림입니다.
겸손히 주님앞에 무릎꿇어야 합니다.
그래야 주님께서 내 눈의 비늘을 벗겨주십니다.